Impressum
Verlag: BABADADA GmbH, Nedderfeld 112 , 22529 Hamburg
Geschäftsführer / Verlagsleitung: Harald Hof
Druck: Books on Demand GmbH, In de Tarpen 42, 22848 Norderstedt

Imprint
Publisher: BABADADA GmbH, Nedderfeld 112 , 22529 Hamburg, Germany
Managing Director / Publishing direction: Harald Hof
Print: Books on Demand GmbH, In de Tarpen 42, 22848 Norderstedt, Germany

School
ysgol

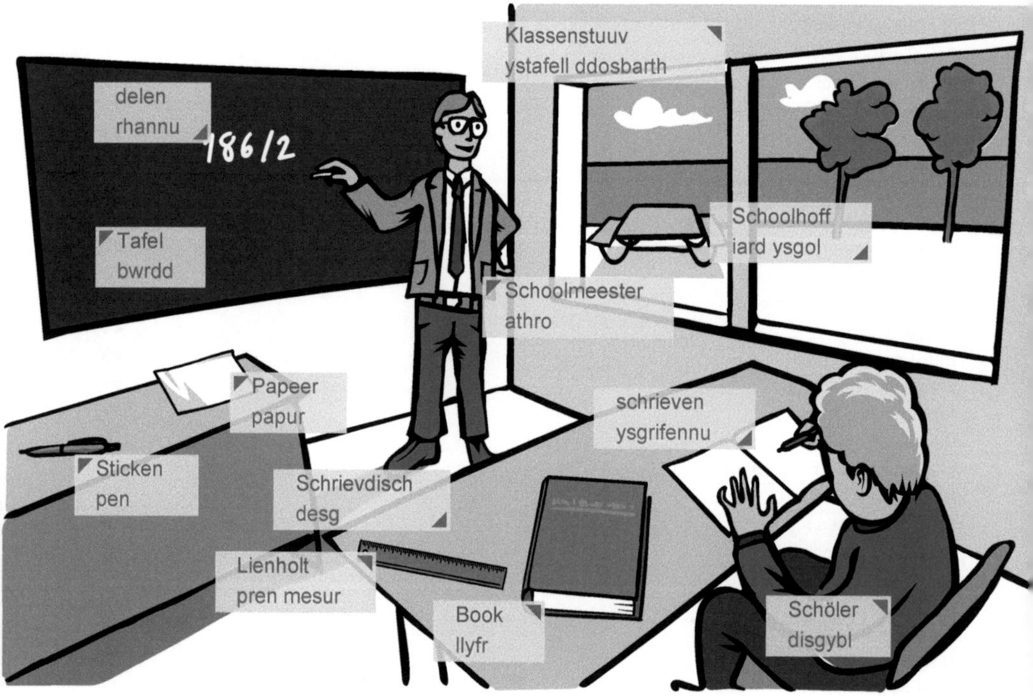

Klassenstuuv
ystafell ddosbarth
delen
rhannu
186/2
Tafel
bwrdd
Schoolhoff
iard ysgol
Schoolmeester
athro
Papeer
papur
schrieven
ysgrifennu
Sticken
pen
Schrievdisch
desg
Lienholt
pren mesur
Book
llyfr
Schöler
disgybl

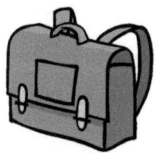

Ranzel

bag ysgol

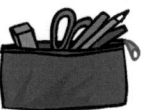

Feddermapp

blwch penseli

Bleesticken

pensil

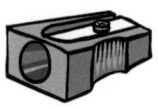

Scharpmaker

peth rhoi min ar bensil

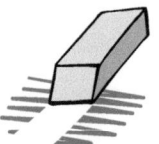

Radeergummi

rwber

Tekenblock

pad arlunio

Teken

llun

Pinsel

brws paent

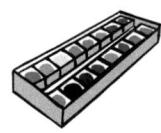

Malkassen

blwch paent

Scheer

siswrn

Klever

glud

Heft to'n Öven

llyfr ysgrifennu

Huusopgaav

gwaith cartref

12

Tall

rhif

2+2

tohooptellen

ychwanegu

5-2

aftrecken

tynnu

2×2

malnehmen

lluosi

reken

cyfrifo

A

Bookstaav

llythyren

ABCDEFG
HIJKLMN
OPQRSTU
VWXYZ

ABC

gwyddor

hello

Woort

gair

Text
....
testun

lesen
....
darllen

Kried
....
sialc

Stunn
....
gwers

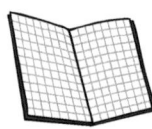

Klassenbook
....
cofrestr

Pröven
....
arholiad

Tüügnis
....
tystysgrif

Schooluniform
....
gwisg ysgol

Utbillen
....
addysg

Nakieksel
....
gwyddoniadur

Universität
....
prifysgol

Mikroskop
....
microsgop

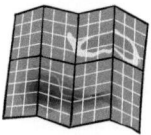

Koort
....
map

Papeerkorf
....
basged papur gwastraff

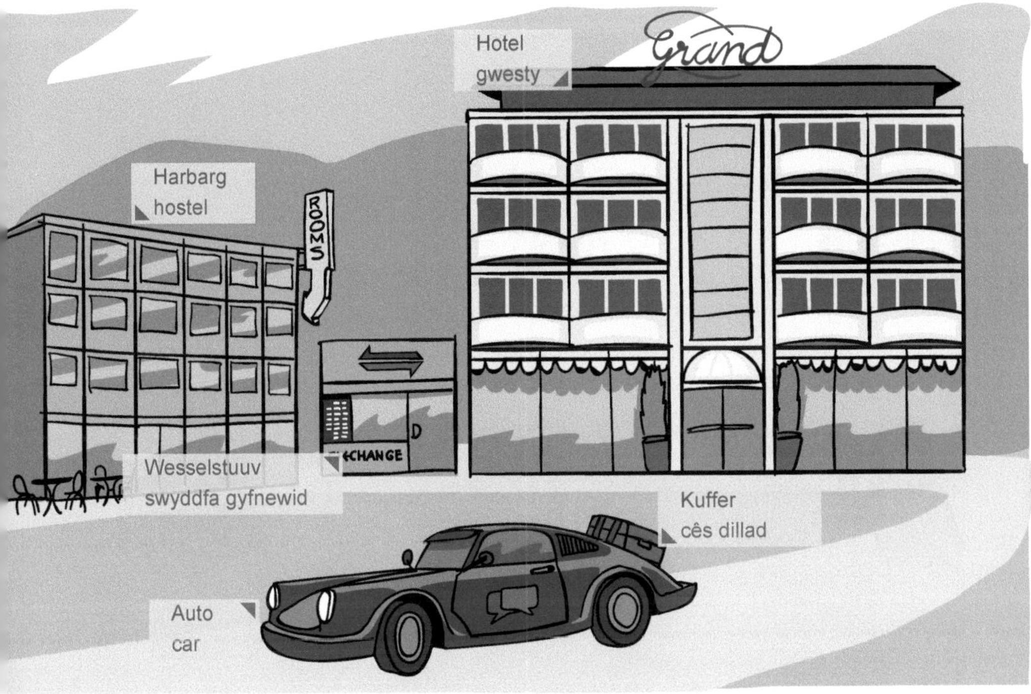

Hotel
gwesty
Grand
Harbarg
hostel
ROOMS
EXCHANGE
Wesselstuuv
swyddfa gyfnewid
Kuffer
cês dillad
Auto
car

Spraak
iaith

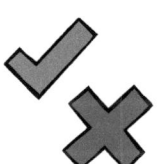

jo / ne
ie / na

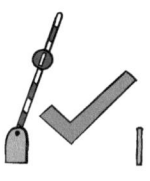

Jo
iawn

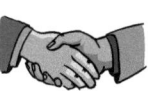

Moin
helo

Översetter
cyfieithydd

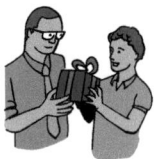

Dank ok
Diolch yn fawr

Wat kost...?

faint yw ...?

Ik verstah nich

Dw i ddim yn deall

Problem

problem

Goden Avend

Noswaith dda!

Moin!

Bore da!

Gode Nacht!

Nos da!

Tschüüs

hwyl

Richt

cyfarwyddyd

Bagaasch

bagiau

Tasch

bag

Rüchsack

gwarbac

Gast

gwestai

Stuuv

ystafell

Slaapsack

sach gysgu

Telt

pabell

Törn - teithio

Touristeninformatschoon

gwybodaeth i ymwelwyr

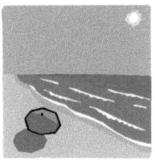

Strand

traeth

Kreditkoort

cerdyn credyd

Fröhstück

brecwast

Meddageten

cinio

Avendeten

swper

Fohrkort

tocyn

Fohrstohl

lifft

Breefmark

stamp

Grenz

ffin

Toll

tollau

Bottschop

llysgenhadaeth

Visum

fisa

Pass

pasbort

Transport
cludiant

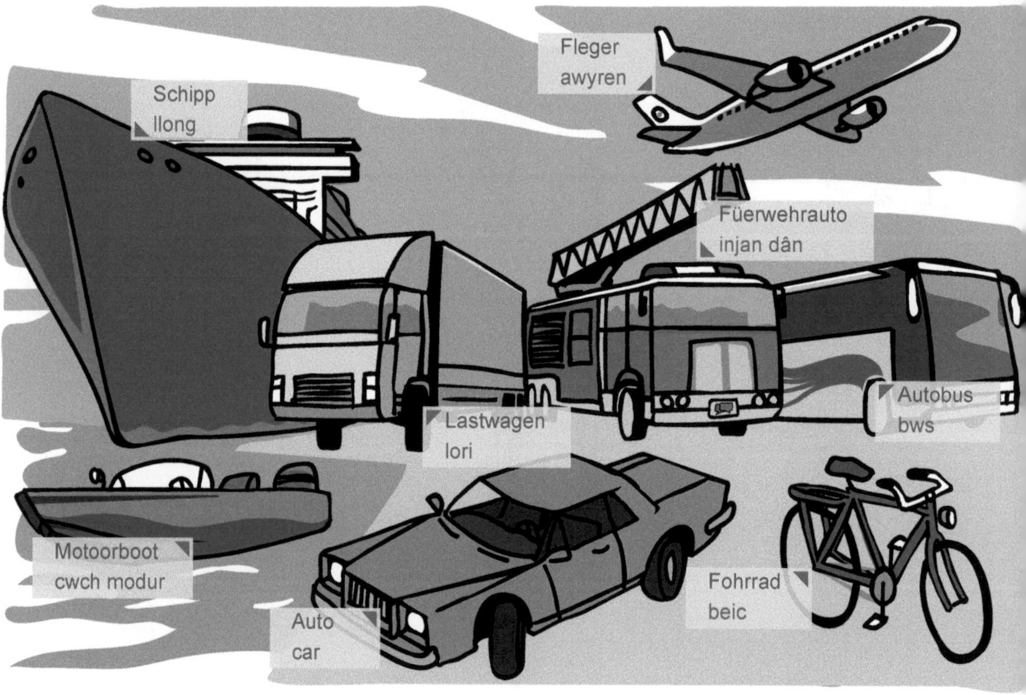
Fleger
awyren
Schipp
llong
Füerwehrauto
injan dân
Autobus
bws
Lastwagen
lori
Motoorboot
cwch modur
Fohrrad
beic
Auto
car

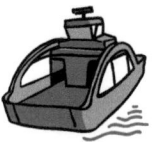

Fähr

fferi

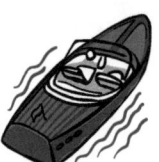

Boot

cwch

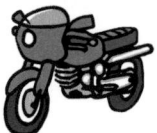

Motoorrad

beic modur

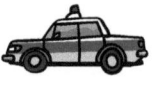

Polizeiauto

car yr heddlu

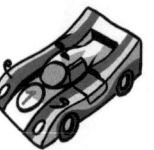

Rönnauto

car rasio

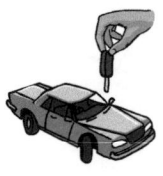

Lehnwagen

car wedi'i rentu

Carsharing

rhannu car

Afsleepwagen

lori tynnu

Müllauto

lori ysbwriel

Motoor

modur

Kraftstoff

tanwydd

Tanksteed

gorsaf betrol

Verkehrsschild

arwydd traffig

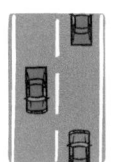

Verkehr

traffig

Stau

tagfa draffig

Afstellplatz

maes parcio

Bahnhoff

gorsaf drennau

Sporen

traciau

Tog

trên

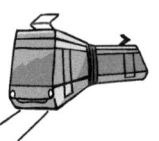

Stratenbahn

tram

Wagon

wagen

Dwarsmöhl

hofrennydd

Flooghaven

maes awyr

Tower

twr

Fohrgast

teithiwr

Grootkist

cynhwysydd

Karton

paced

Koor

cert

Korf

basged

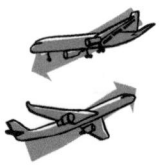

starten / lannen

esgyn / glanio

Stadt

dinas

Dörp

pentref

Binnenstadt

canol y ddinas

Huus

tŷ

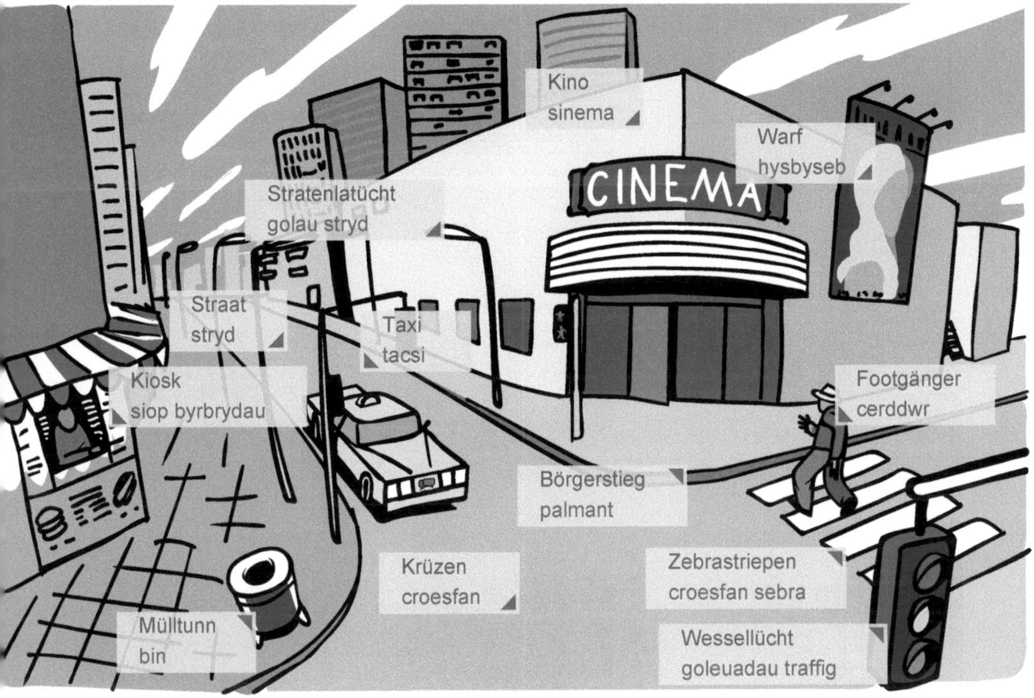

Kino / sinema

Warf / hysbyseb

Stratenlatücht / golau stryd

Straat / stryd

Taxi / tacsi

Kiosk / siop byrbrydau

Footgänger / cerddwr

CINEMA

Börgerstieg / palmant

Krüzen / croesfan

Zebrastriepen / croesfan sebra

Wessellücht / goleuadau traffig

Mülltunn / bin

Hütt
cwt

Wahnung
fflat

Bahnhoff
gorsaf drennau

Raathuus
neuadd y dref

Museum
amgueddfa

School
ysgol

Universität

prifysgol

Bank

banc

Krankenhuus

ysbyty

Hotel

gwesty

Afteek

fferyllfa

Büro

swyddfa

Bookhökerie

siop lyfrau

Hökerie

siop

Blomenhökerie

siop flodau

Supermarkt

archfarchnad

Markt

farchnad

Koophuus

siop adrannol

Fischhökerie

siop bysgod

Inkoopszentrum

canolfan siopa

Haven

harbwr

Parkanlaag	Bank	Brüch
parc	banc	pont

Trepp	Ünnergrundbahn	Tunnel
grisiau	rheilffordd danddaearol	twnnel

Busstoppsteed	Bar	Spieslokal
safle bws	bar	bwyty

Breefkassen	Stratenschild	Parkklock
blwch post	arwydd stryd	mesurydd parcio

Deertenpark	Baadanstalt	Moschee
sŵ	pwll nofio	mosg

Buernhoff

 fferm

Ümweltversmudden

llygredd

Karkhoff

mynwent

Kark

eglwys

Speelplatz

maes chwarae

Tempel

teml

Landschop
tirwedd

Blatt
deilen

Wiespahl
arwydd cyfeirio

Weg
ffordd

Wisch
dôl

Steen
carreg

Boom
coeden

Wannerer
heiciwr

Fluss
afon

Gras
glaswellt

Bloom
blodyn

Daal

cwm

Barg

bryn

See

llyn

Holt

coedwig

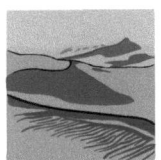

Wööst

anialwch

Füerspien Barg

llosgfynydd

Slott

castell

Regenbagen

enfys

Poggenstohl

madarchen

Palm

palmwydden

Steekmück

mosgito

Fleeg

pryf

Miegeemk

morgrugyn

Imm

gwenyn

Spinn

pryf copyn

Sebber

chwilen

Pogg

llyffant

Katteker

gwiwer

Swienegel

draenog

Haas

ysgyfarnog

Uul

tylluan

Vagel

aderyn

Swaan

alarch

Wildswien

baedd

Hirsch

carw

Elk

elc

Staudamm

argae

Windrad

tyrbin gwynt

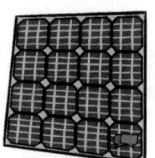

Solarmodul

panel haul

Klima

hinsawdd

Spieslokal
bwyty

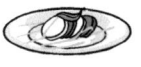

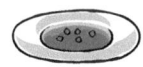

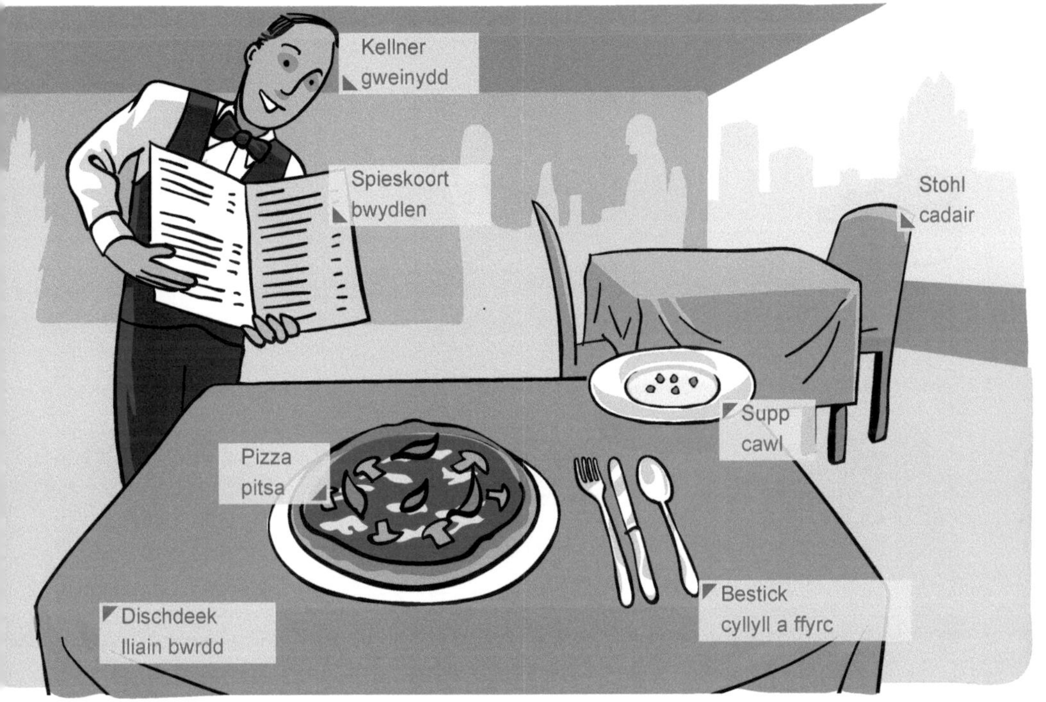
Kellner
gweinydd
Spieskoort
bwydlen
Stohl
cadair
Supp
cawl
Pizza
pitsa
Bestick
cyllyll a ffyrc
Dischdeek
lliain bwrdd

Vörspies
cwrs cyntaf

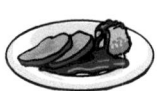

Haupteten
prif gwrs

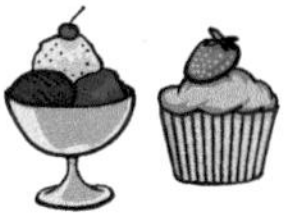

Nadisch
pwdin

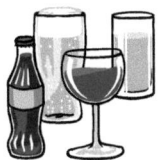

Drünk
diodydd

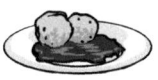

Eten
bwyd

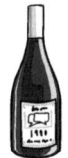

Buddel
potel

Fastfood

bwyd cyflym

Strateneten

bwyd y stryd

Teekann

tebot

Zuckerdoos

powlen siwgr

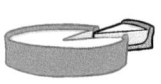

Portschoon

dogn

Espressomaschien

peiriant espresso

Hoochstohl

cadair plentyn

Reken

bil

Tablett

hambwrdd

Mess

cyllell

Gavel

fforc

Lepel

llwy

Teelepel

llwy de

Munddook

napcyn

Glas

gwydr

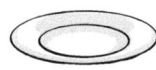

Töller
....
plât

Suppentöller
....
plât cawl

Ünnertass
....
soser

Sooß
....
saws

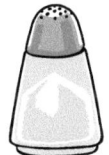

Soltstreuer
....
pot halen

Pepermöhl
....
melin bupur

Etig
....
finegr

Ööl
....
olew

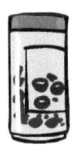

Krüder
....
sbeisys

Ketchup
....
saws coch

Mostrich
....
mwstard

Mayonnaise
....
mayonnaise

Supermarkt
archfarchnad

Anbott
cynnig arbennig
FOR
Kunn
cwsmer
Melkprodukten
cynnyrch llaeth
Aaft
ffrwythau
Inkoopswagen
troli

BUTCHERS

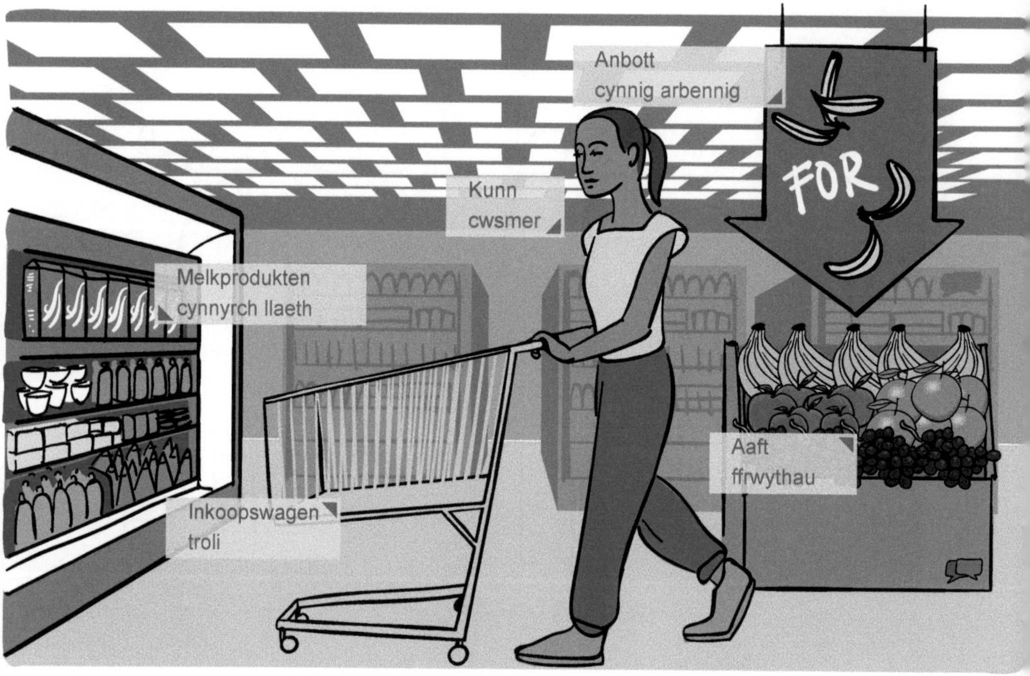

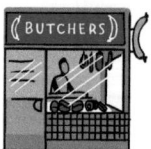

Slachterie
siop gig

BAKERY

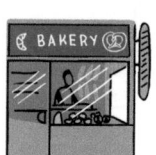

Bäckerie
siop fara

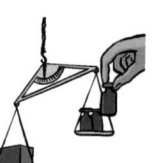

wegen
pwyso

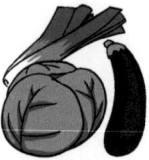

Gröönsaken
llysiau

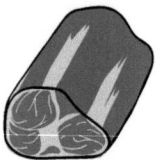

Fleesch
cig

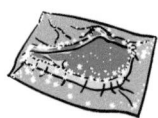

Deepköhlkost
Bwyd wedi'i rewi

Opsnitt

cig oer

Konserven

bwyd tun

Waschmiddel

powdr golchi

Snoopkraam

da-da

Huushooltssaken

cynnyrch cartref

Reinmaaktüüch

cynhyrchion glanhau

Verköpersche

gwerthwraig

Kass

til

Kasserer

ariannwr

Inkoopslist

rhestr siopa

Opsparrtieden

oriau agor

Breeftasch

waled

Kreditkoort

cerdyn credyd

Tasch

bag

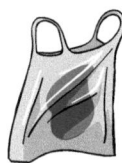

Plastiktüüt

bag plastig

Drünk
diodydd

Water

dŵr

Saft

sudd

Melk

llefrith

Cola

côc

Wien

gwin

Beer

cwrw

Spriet

alcohol

Kakao

coco

Tee

te

Koffie

coffi

Espresso

espresso

Cappucino

cappuccino

Banaan

ffrwchledd

Appel

afal

Appelsien

oren

Meloon

melon

Zitroon

lemwn

Wöttel

moronen

Knuuvlook

garlleg

Bambus

bambŵ

Zibbel

nionyn

Poggenstohl

madarchen

Nööt

cnau

Nudeln

nwdls

Spaghetti

sbageti

Ries

reis

Salat

salad

Pommes frites

sglodion

Braadkantüffeln

tatws wedi'u ffrïo

Pizza

pitsa

Hamborger

hambyrger

Sandwich

brechdan

Snitzel

cytled

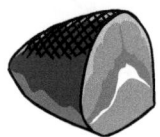

Schinken

ham

Salami

salami

Wust

selsig

Hohn

cyw iâr

Braden

rhost

Fisch

pysgodyn

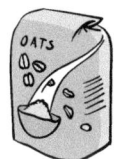

Haverflocken

ceirch uwd

Müsli

miwsli

Cornflakes

creision ŷd

Mehl

blawd

Croissant

croissant

Rundstück

bynsen

Broot

bara

Toast

tost

Keksen

bisgedi

Botter

menyn

Quark

ceuled

Koken

teisen

Ei

wy

Spegelei

wy wedi'i ffrïo

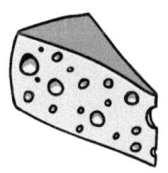

Kees

caws

Ies

hufen iâ

Zucker

siwgr

Honnig

mêl

Marmelaad

jam

Nougat-Creme

siocled taenu

Curry

cyri

Buernhoff
fferm

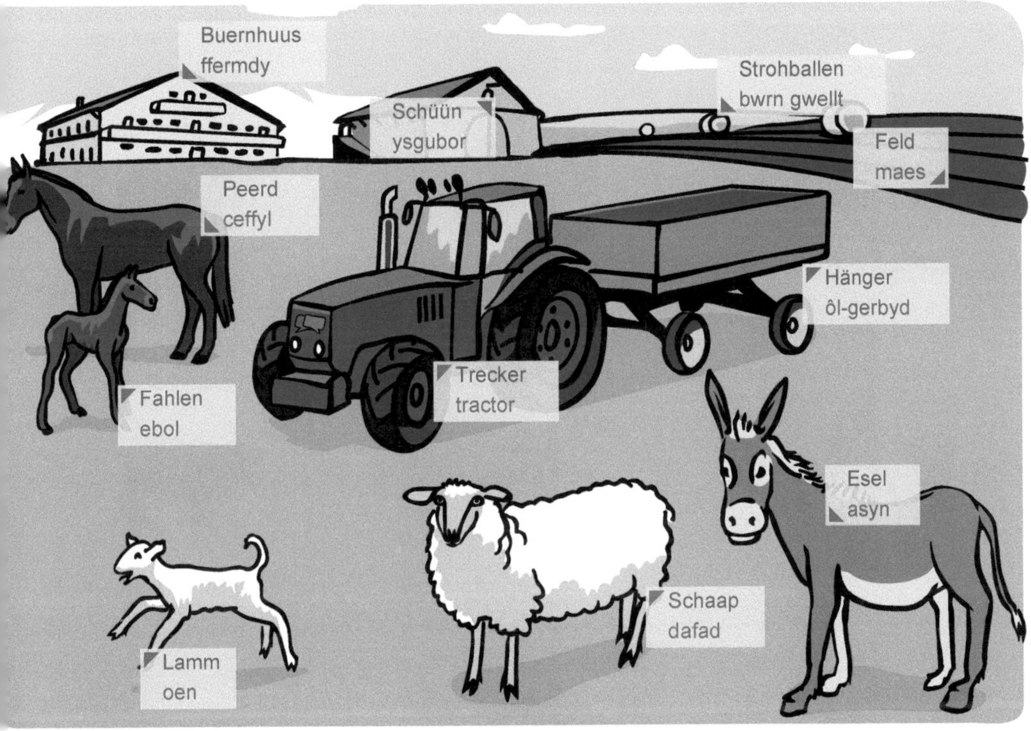

Buernhuus
ffermdy
Schüün
ysgubor
Strohballen
bwrn gwellt
Feld
maes
Peerd
ceffyl
Hänger
ôl-gerbyd
Trecker
tractor
Fahlen
ebol
Esel
asyn
Schaap
dafad
Lamm
oen

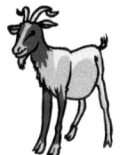

Zeeg
gafr

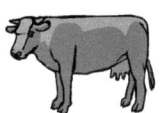

Koh
buwch

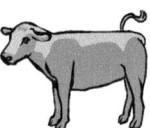

Kalf
llo

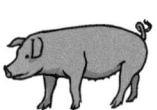

Swien
mochyn

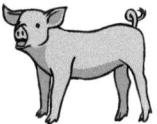

Farken
porchell

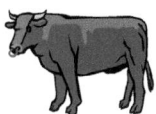

Bull
tarw

Goos

gwydd

Aant

hwyaden

Küken

cyw

Hohn

iâr

Hahn

ceiliog

Rott

llygoden fawr

Katt

cath

Muus

llygoden

Oss

ych

Hund

ci

Hunnenhütt

cwt ci

Goornslauch

pibell ddŵr

Geetkann

can dŵr

Lee

pladur

Ploog

aradr

Sich
....
cryman

Hack
....
fforch chwynu

Mestfork
....
picwarch

Ext
....
bwyell

Schuufkoor
....
berfa

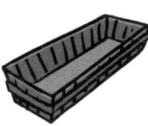

Trog
....
cafn

Melkkann
....
tun llefrith

Sack
....
sach

Tuun
....
ffens

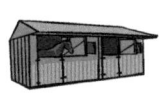

Stall
....
stabl

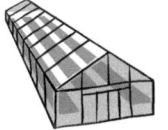

Drievhuus
....
tŷ gwydr

Bodden
....
pridd

Saat
....
hedyn

Dünger
....
gwrtaith

Meihdöscher
....
dyrnwr medi

oornen
cynaeafu

Oorn
cynhaeaf

Yamswöttel
iamau

Weten
gwenith

Soja
soi

Kantüffel
tysen

Törksche Weten
grawn

Rapp
had rêp

Aaftboom
coeden ffrwythau

Troopsch Kantüffel
manioc

Koorn
grawnfwydydd

Schosteen
simnai

Dack
to

Regenrönn
peipen law

Finster
ffenestr

Garaasch
garej

Döörklock
cloch y drws

Döör
drws

Müllemmer
bin sbwriel

Breefkassen
blwch post

Goorn
gardd

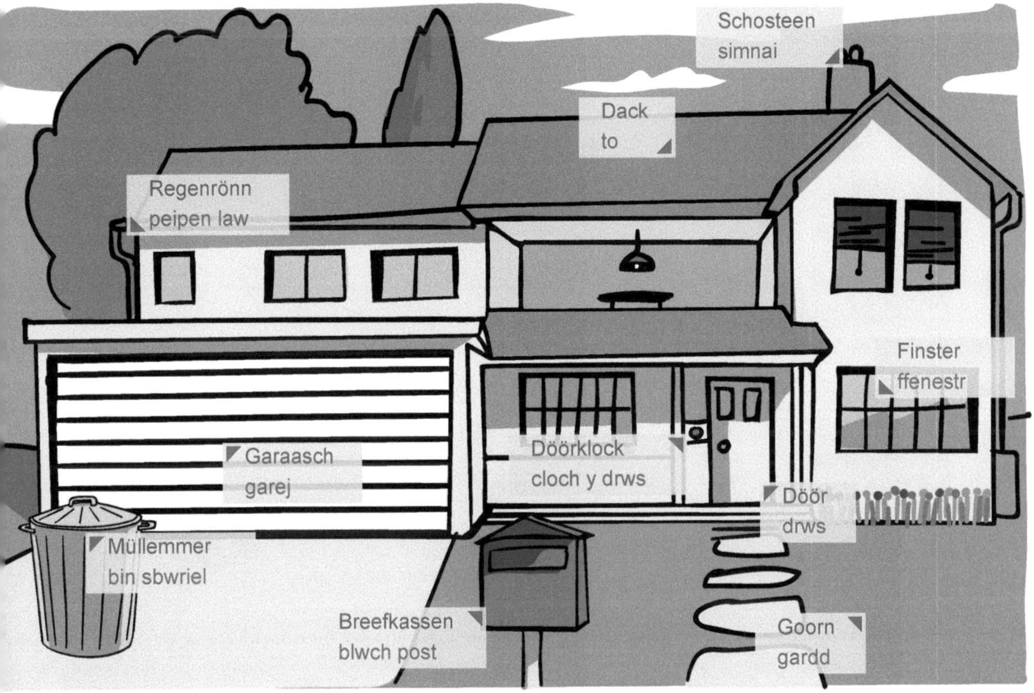

Wahnstuuv

lolfa

Baadstuuv

ystafell ymolchi

Köök

cegin

Slaapstuuv

ystafell wely

Kinnerstuuv

ystafell plentyn

Eetstuuv

ystafell fwyta

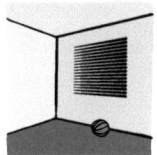

Footbodden

llawr

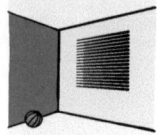

Wand

wal

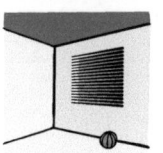

Deek

nenfwd

Keller

seler

Hittluftbad

sawna

Balkon

balconi

Terrass

teras

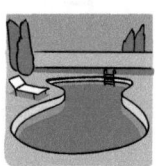

Swümmbad

pwll

Rasenmeiher

peiriant torri gwair

Bettbetog

taflen

Bettdeek

gorchudd gwely

Puuch

gwely

Bessen

ysgub

Emmer

bwced

Schalter

swits

Wahnstuuv
lolfa

Tapeet
papur wal
Bild
llun
Lamp
lamp
Regal
silff
Schapp
cwpwrdd
Kiekkassen
teledu
Kamin
lle tân
Bloom
blodyn
Küssen
clustog
Sofa
soffa
Vaas
fâs
Feernbedenen
rheolydd o bell

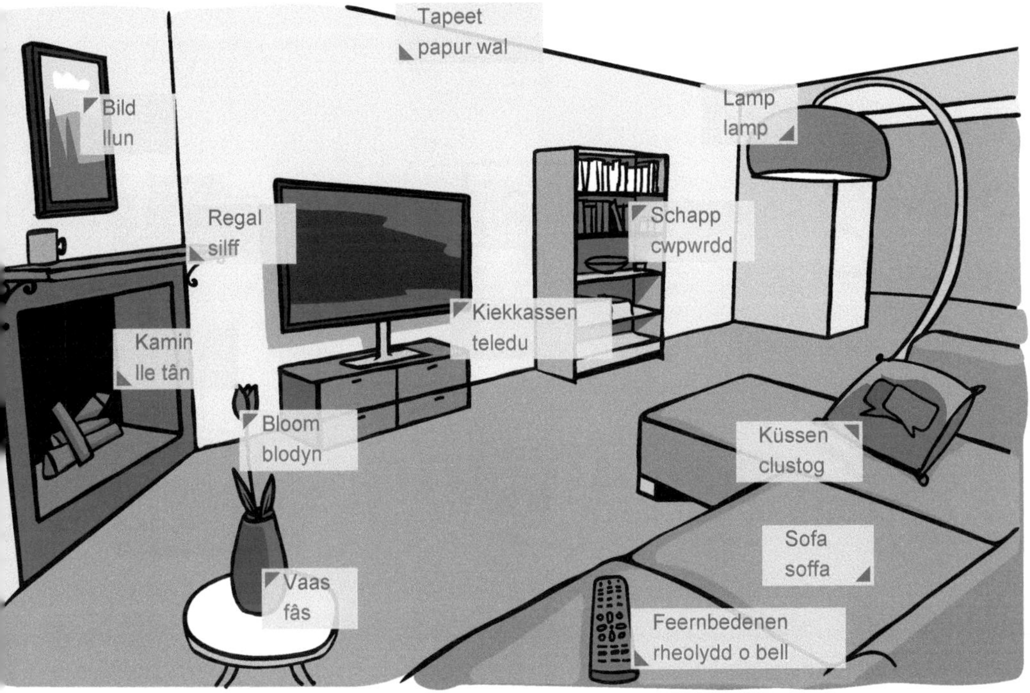

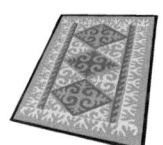

Teppich

carped

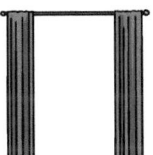

Vörhang

llen

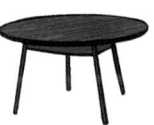

Disch

bwrdd

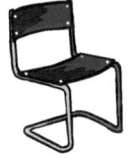

Stohl

cadair

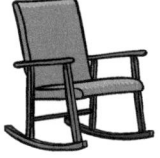

Schuckelstohl

cadair siglo

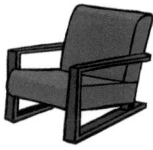

Sessel

cadair freichiau

Book

llyfr

Deek

blanced

Dekoratschoon

addurn

Füerholt

coed tân

Film

ffilm

Stereoanlaag

hi-fi

Slötel

agoriad

Narichtenblatt

papur newydd

Gemälde

darlun

Poster

poster

Radio

radio

Opschrievblock

llyfr nodiadau

Huulbessen

hwfer

Kaktus

cactws

Kars

cannwyll

Köök
cegin

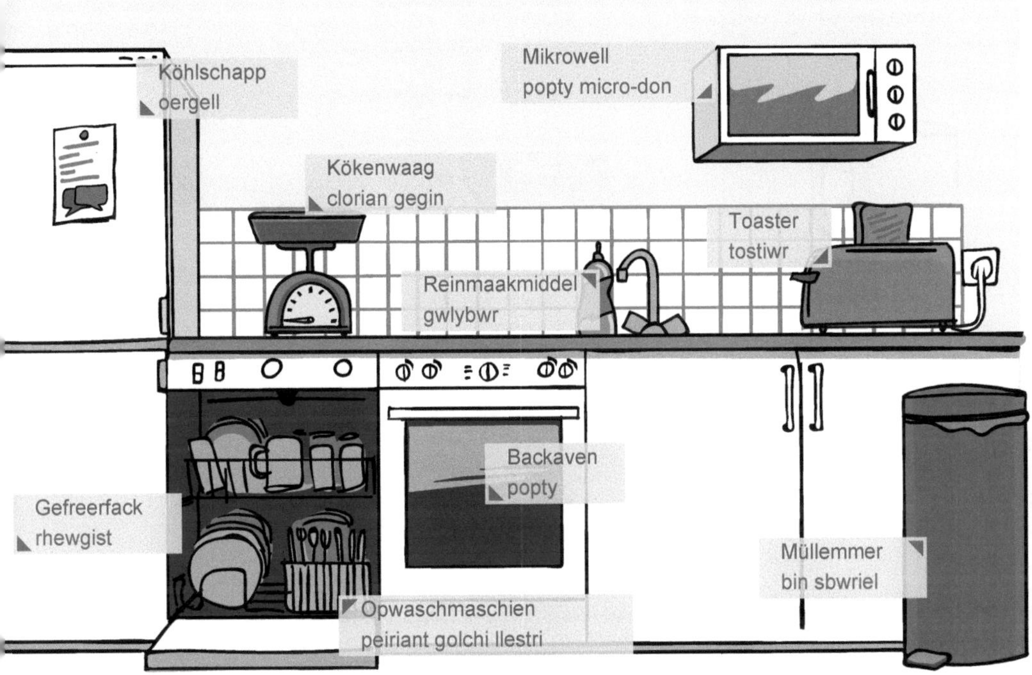
Köhlschapp
oergell
Mikrowell
popty micro-don
Kökenwaag
clorian gegin
Toaster
tostiwr
Reinmaakmiddel
gwlybwr
Backaven
popty
Gefreerfack
rhewgist
Müllemmer
bin sbwriel
Opwaschmaschien
peiriant golchi llestri

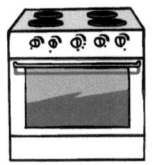

Heerd

popty

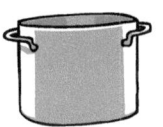

Pott

pot

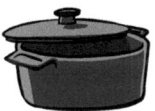

Gussiesern Putt

pot haearn bwrw

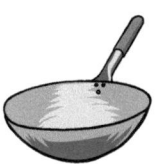

Wok / Kadai

wok / kadai

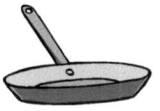

Pann

padell

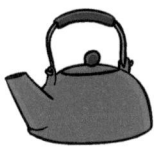

Waterkaker

tegell

Dampkaakputt

sosban stemio

Backblick

hambwrdd pobi

Geschirr

llestri

Beker

mwg

Schaal

powlen

Eetsticken

gweill bwyta

Suppenkell

lletwad

Pannenwenner

ysbodol

Sneebessen

chwisg

Kaakseef

hidlydd

Seef

gogr

Riev

gratiwr

Mörser

morter

Grill

barbeciw

Füerstell

tân agored

Sniedbrett

bwrdd torri cig

Nudelholt

rholbren

Proppentrecker

tynnwr corcyn

Doos

tun

Dosenaapner

peth agor tuniau

Pottlappen

clwt pot

Waschbecken

sinc

Böst

brws

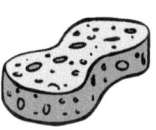

Swamm

sbwng

Mixer

peiriant cymysgu

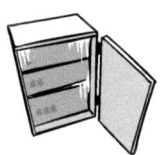

lesschapp

rhewgell

Nuckelbuddel

potel babi

Waterhahn

tap

Baadstuuv

ystafell ymolchi

Heizung
gwres
Handdook
tywel
Bruus
cawod
Bruusvörhang
llen gawod
Schuumbad
baddon ewyn
Baadwann
baddon
Glas
gwydr
Waschmaschien
peiriant golchi
Waterhahn
tap
Fliesen
teils
lütte Putt
potyn
Waschbecken
sinc

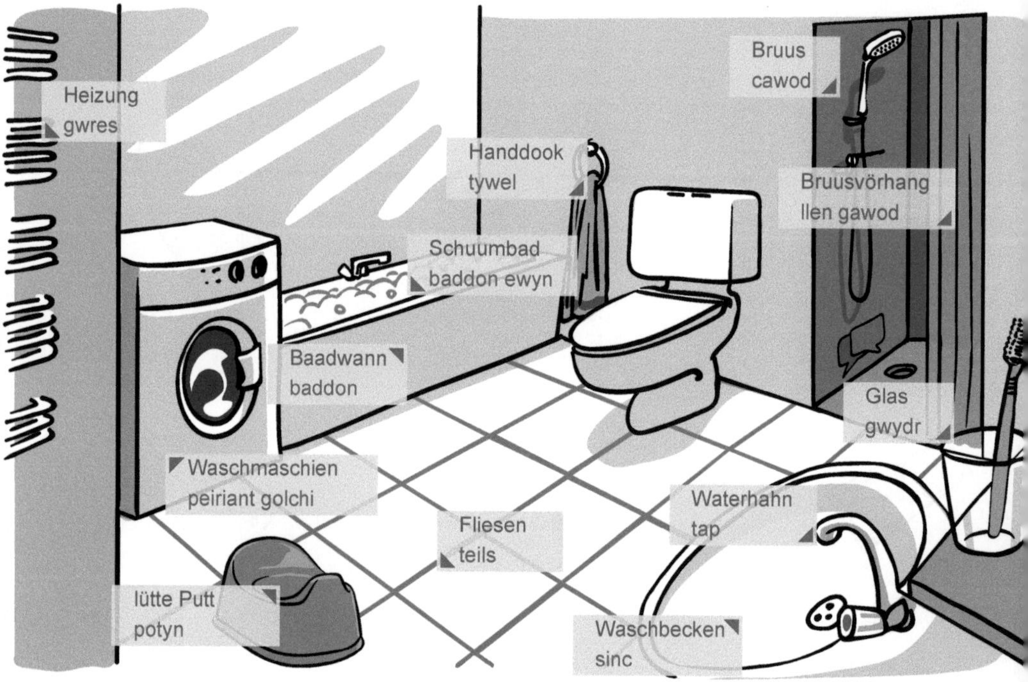

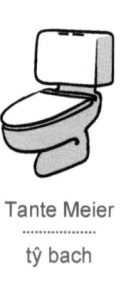

Tante Meier

tŷ bach

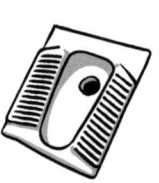

Hockklo

toiled cyrcydu

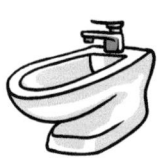

Bidet

bidet

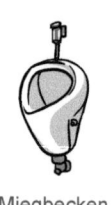

Miegbecken

troethfa

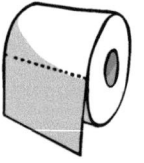

Klopapeer

papur tŷ bach

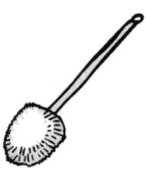

Kloböst

brws tŷ bach

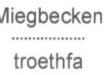

Tähnböst

brws dannedd

Tähnpast

past dannedd

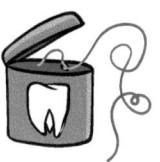

Tähnsied

edau ddannedd

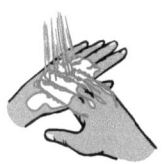

waschen

golchi

Handbruus

cawod llaw

Intimbruus

golchfa

Waschschöttel

basn

Rüchböst

brws-ôl

Seep

sebon

Bruusgeel

gel cawod

Hoorwaschmiddel

siampŵ

Waschlappen

gwlanen

Afloop

ffos

Creme

hufen

Deodorant

diaroglydd

Spegel

drych

Kosmetikspegel

drych llaw

Raserer

rasel

Raseerschuum

ewyn eillio

Raseerwater

sent eillio

Kamm

crib

Böst

brws

Hoordröger

sychwr gwallt

Hoorspray

chwistrell gwallt

Smink

colur

Lippensticken

minlliw

Nagellack

farnais ewinedd

Watt

gwlân cotwm

Nagelscheer

siswrn ewinedd

Rüükwater

persawr

Kulturbüdel

bag ymolchi

Schemel

stôl

Waag

clorian

Baadmantel

gŵn baddon

Gummihanschen

menig rwber

Tampon

tampon

Damenbinn

tywel misglwyf

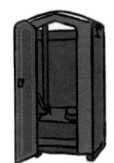

Chemieklo

toiled cemegol

Kinnerstuuv
ystafell plentyn

Wecker
cloc larwm
Knudeldeert
tegan anwes
Speeltüüchauto
car tegan
Klöter
cleciwr
Poppenhuus
tŷ dol
Geschenk
anrheg

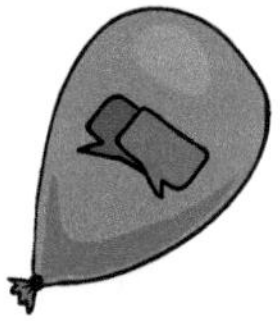

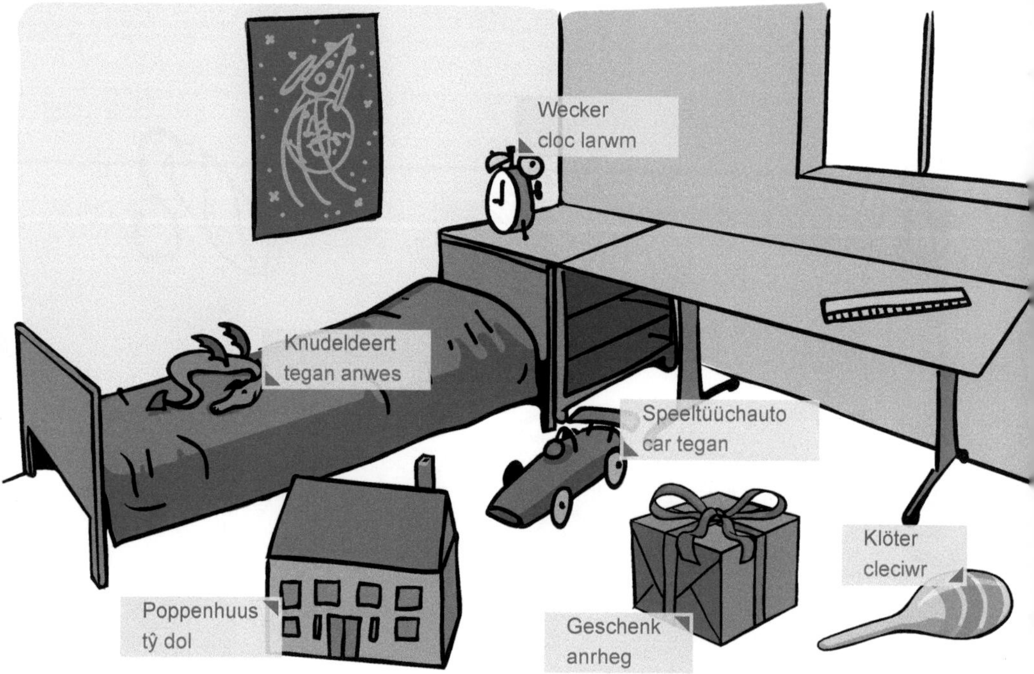

Luftballon

balŵn

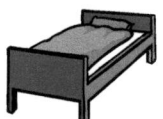

Puuch

gwely

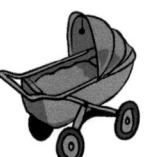

Kinnerwagen

pram

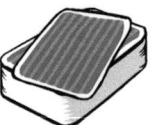

Koortenspeel

pecyn o gardiau

Puzzle

jig-so

SUPER
MEGA

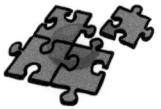

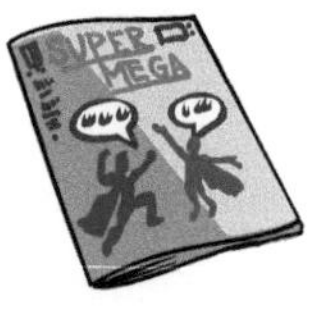

Billergeschicht

comic

Legostenen

brics Lego

Bustenen

blociau adeiladu

Action-Figur

ffigur gweithredu

Strampelantog

babygro

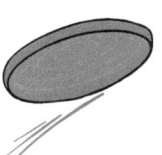

Frisbeeschiev

ffrisbi

Mobile

ffôn symudol

Brettspeel

gêm fwrdd

Wörpel

deis

Modelliesenbahn

set model trên

Snuller

teth lwgu

Party

parti

Billerbook

llyfr lluniau

Ball

pêl

Popp

dol

spelen

chwarae

Sandkassen

pwll tywod

Schuckel

swing

Speeltüüch

teganau

Speelkonsool

consol gemau fideo

Dreerad

beic tair olwyn

Teddyboor

tedi

Klederschapp

cwpwrdd dillad

Tüüch

dillad

Socken

hosanau

Strümp

hosanau

Strumpbüx

teits

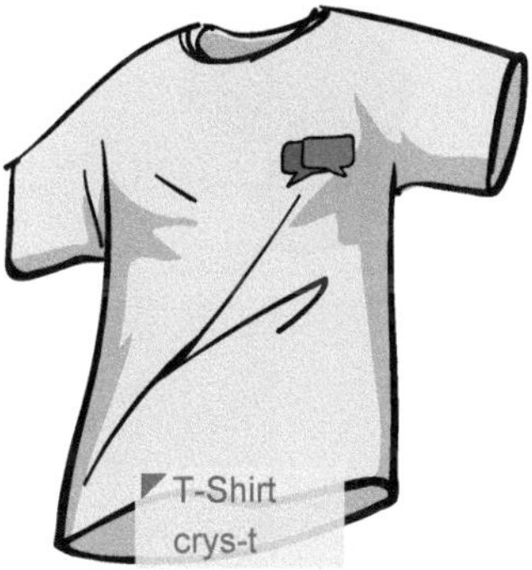

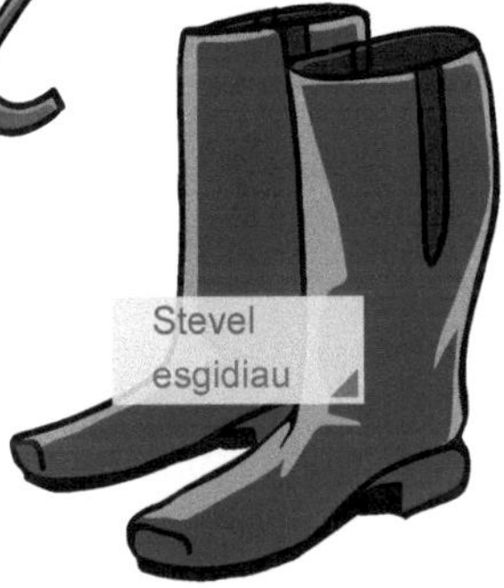

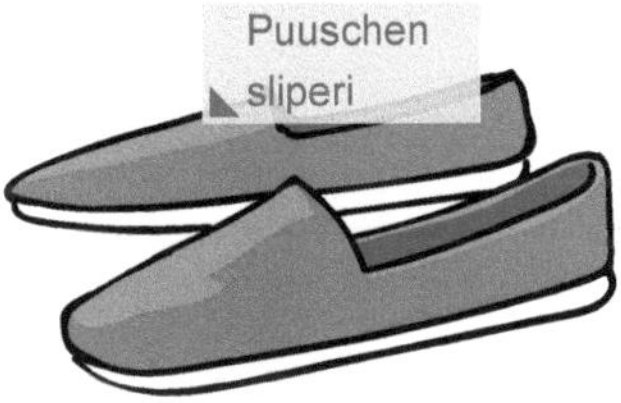

Halsdook
sgarff

Liefreem
gwregys

Paraplü
ymbarél

T-Shirt
crys-t

Turnschoh
esidiau ymarfer

Stevel
esgidiau

Puuschen
sliperi

Sandalen
....
sandalau

Schoh
....
esgidiau

Gummistevel
....
esgidiau rwber

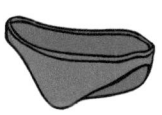

Ünnerbüx
....
tröns

Bostholler
....
bra

Ünnerhemd
....
fest

Lief
....
corff

Büx
....
trowsus

Jeansnüx
....
jîns

Rock
....
sgert

Bluus
....
blows

Hemd
....
crys

Pullover
....
pwlofer

Kapuzenpullover
....
hwdi

Blazer
....
blaser

Jack
....
siaced

Mantel
....
côt

Övertrecker
....
côt law

Kostüm
....
gwisg

Kleed
....
gŵn

Hochtietskleed
....
gwisg briodas

Antog

siwt

Nachtkleed

gŵn nos

Slaapantog

pyjamas

Sari

sari

Koppdook

sgarff pen

Turban

tyrban

Burka

bwrca

Kaftan

cafftan

Abaya

abaya

Baadantog

gwisg nofio

Baadbüx

trowsus nofio

Korte Büx

siorts

Antog to'n Öven

tracwisg

Schört

ffedog

Handschoh

menig

Knopp

botwm

Brill

sbectol

Armband

breichled

Halskeed

cadwyn

Ring

modrwy

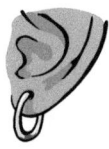

Ohrbummel

clustdlws

Mütz

cap

Klederbögel

cambren

Hoot

het

Binner

tei

Rietslüter

sip

Helm

helmed

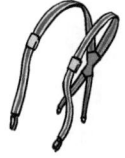

Drachtband

fframiau danedd

Schooluniform

gwisg ysgol

Uniform

gwisg

Severböten
....
bib

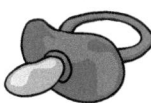

Snuller
....
teth lwgu

Winnel
....
cewyn

Büro
swyddfa

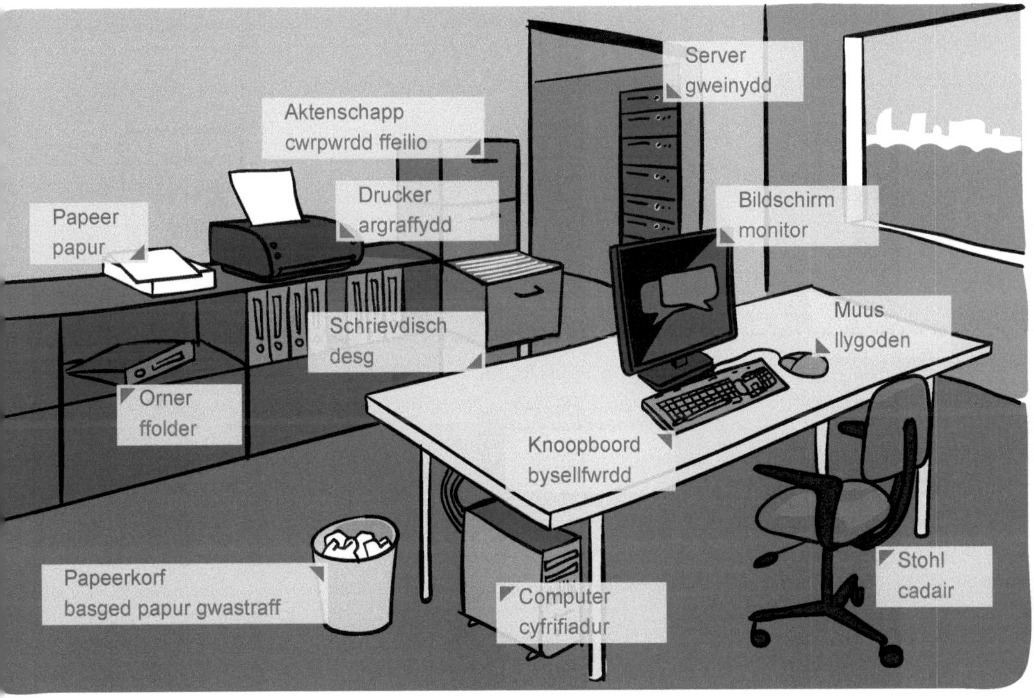

Server
gweinydd

Aktenschapp
cwrpwrdd ffeilio

Drucker
argraffydd

Bildschirm
monitor

Papeer
papur

Muus
llygoden

Schrievdisch
desg

Orner
ffolder

Knoopboord
bysellfwrdd

Papeerkorf
basged papur gwastraff

Stohl
cadair

Computer
cyfrifiadur

Koffiebeker
....
mwg coffi

Taschenreekner
....
cyfrifiannell

Internet
....
rhyngrwyd

Klappreekner

gliniadur

Breef

llythyr

Naricht

neges

Ackersnacker

ffôn symudol

Nettwark

rhwydwaith

Kopeerapparat

llungopïwr

Software

meddalwedd

Klöönkassen

teleffon

Steekdoos

soced plwg

Faxapparat

peiriant ffacs

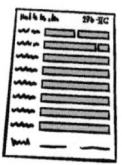

Formulor

ffurflen

Dokument

dogfen

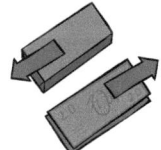

köpen
....
prynu

betahlen
....
talu

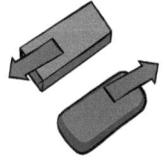

hanneln
....
masnachu

Geld
....
arian

Dollar
....
doler

Euro
....
ewro

Yen
....
yen

Ruvel
....
rwbl

Swiezer Franken
....
ffranc y Swistir

Renminbi Yuan
....
yuan renminbi

Rupie
....
rwpi

Geldautomat
....
peiriant arian

Wesselstuuv

swyddfa gyfnewid

Gold

aur

Sülver

arian

Ööl

olew

Energie

ynni

Pries

pris

Verdrag

contract

Stüer

treth

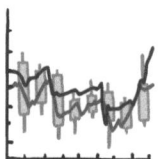

Andeelschien

stoc

arbeiden

gweithio

Anstellte

cyflogai

Arbeitgever

cyflogwr

Fabrik

ffatri

Hökerie

siop

Profeschonen
swyddi

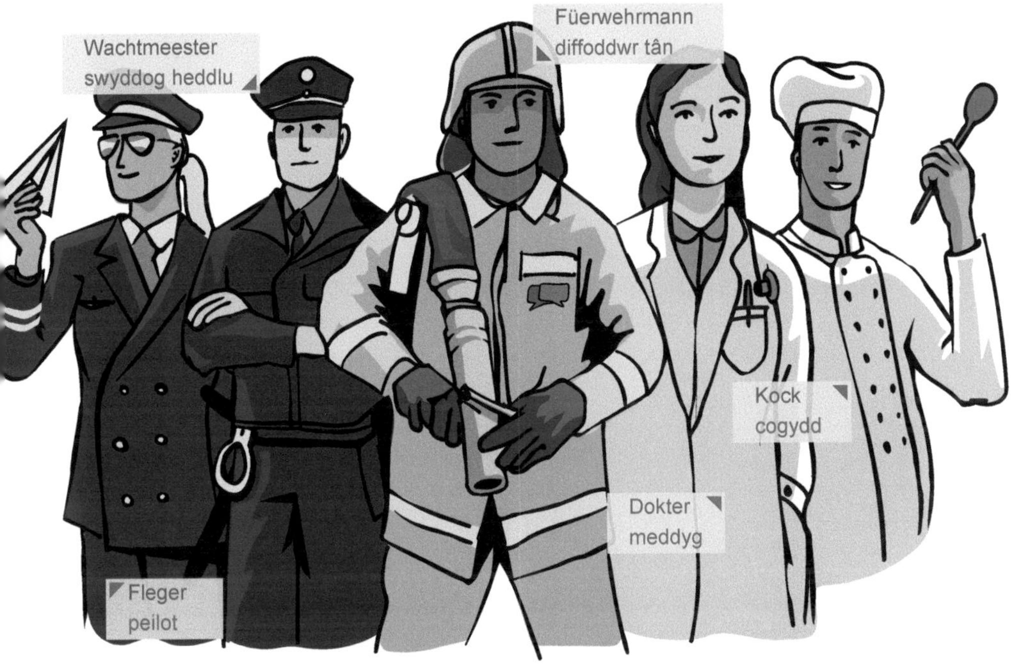

Wachtmeester
swyddog heddlu
Füerwehrmann
diffoddwr tân
Kock
cogydd
Dokter
meddyg
Fleger
peilot

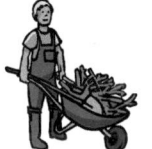

Goorner

garddwr

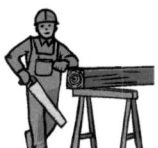

Discher

saer

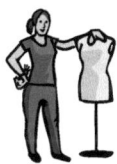

Neihersche

gwniadwraig

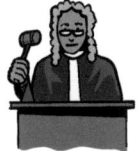

Richter

barnwr

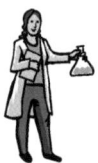

Chemiker

fferyllydd

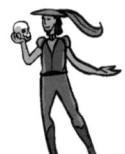

Schauspeler

actor

Busfohrer

gyrrwr bws

Taxifohrer

gyrrwr tacsi

Fischer

pysgotwr

Reinmaakfru

glanhawraig

Dackdecker

töwr

Kellner

gweinydd

Jäger

heliwr

Maler

paentiwr

Bäcker

pobydd

Elektriker

trydanwr

Buarbeider

adeiladwr

Ingenieur

peiriannydd

Slachter

cigydd

Klempner

plymiwr

Postbüdel

dyn y post

Suldat

milwr

Architekt

pensaer

Kasserer

ariannwr

Florist

gwerthwr blodau

Putzbüdel

triniwr gwallt

Schaffner

archwiliwr tocynnau rheilffordd

Mechaniker

mecanydd

Kaptein

capten

Tähndokter

deintydd

Wetenschopler

gwyddonydd

Rabbi

rabi

Imam

imam

Mönk

mynach

Paap

clerigwr

Warktüüch

offer

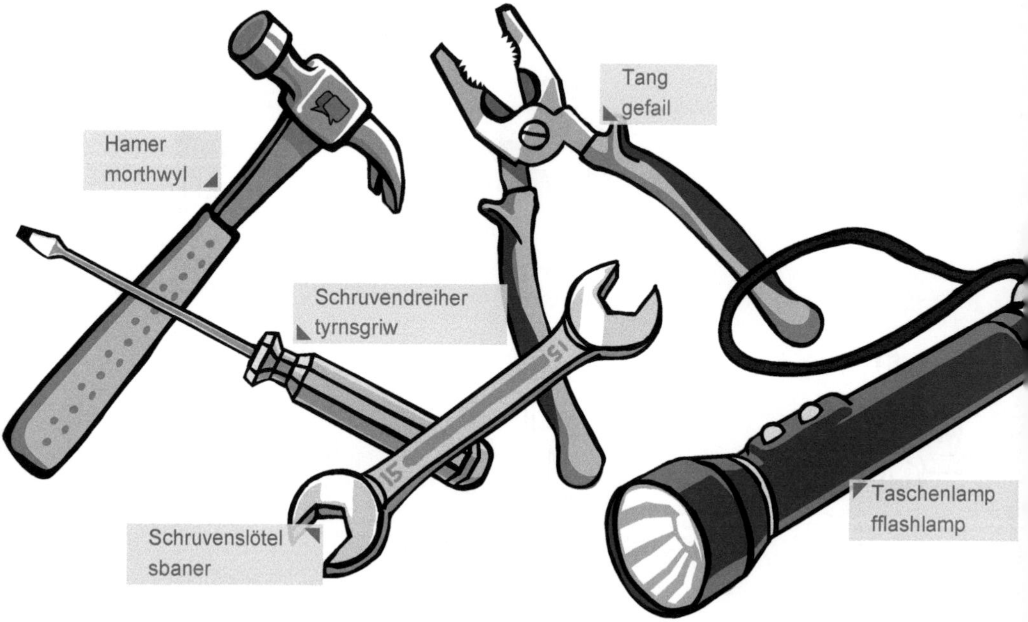

Tang
gefail
Hamer
morthwyl
Schruvendreiher
tyrnsgriw
Taschenlamp
fflashlamp
Schruvenslötel
sbaner

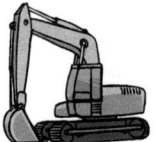

Grieper

turiwr

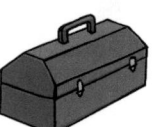

Warktüüchkassen

blwch offer

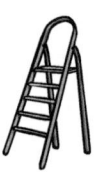

Ledder

ysgol

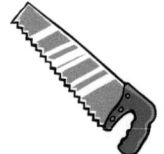

Saag

llif

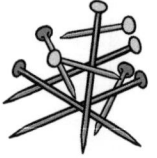

Nagels

hoelion

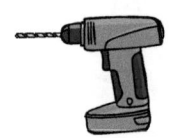

Bohrer

dril

heelmaken
....
trwsio

Schüffel
....
rhaw

Schiet!
....
Daria!

Kehrblick
....
rhaw lwch

Farvpott
....
pot paent

Schruven
....
sgriwiau

Musikinstrumenten
offerynnau cerdd

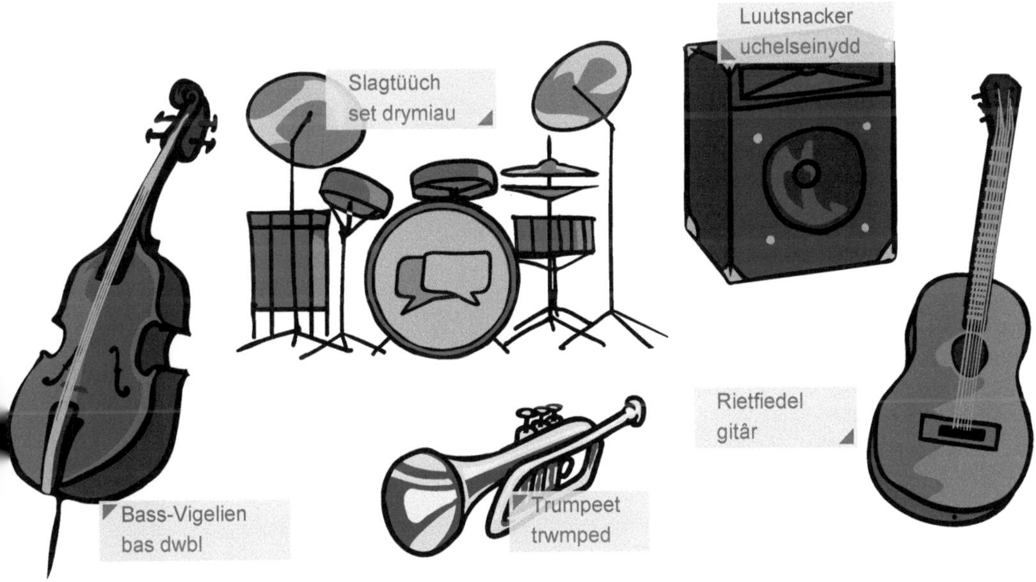

Slagtüüch
set drymiau

Luutsnacker
uchelseinydd

Rietfiedel
gitâr

Bass-Vigelien
bas dwbl

Trumpeet
trwmped

Klaveer

piano

Vigelien

ffidil

Bass

bas

Pauk

timpani

Trummeln

drymiau

Keyboard

cyweirfwrdd

Saxophon

sacsoffon

Fleut

ffliwt

Mikrofoon

meicroffon

Deertenpark

sŵ

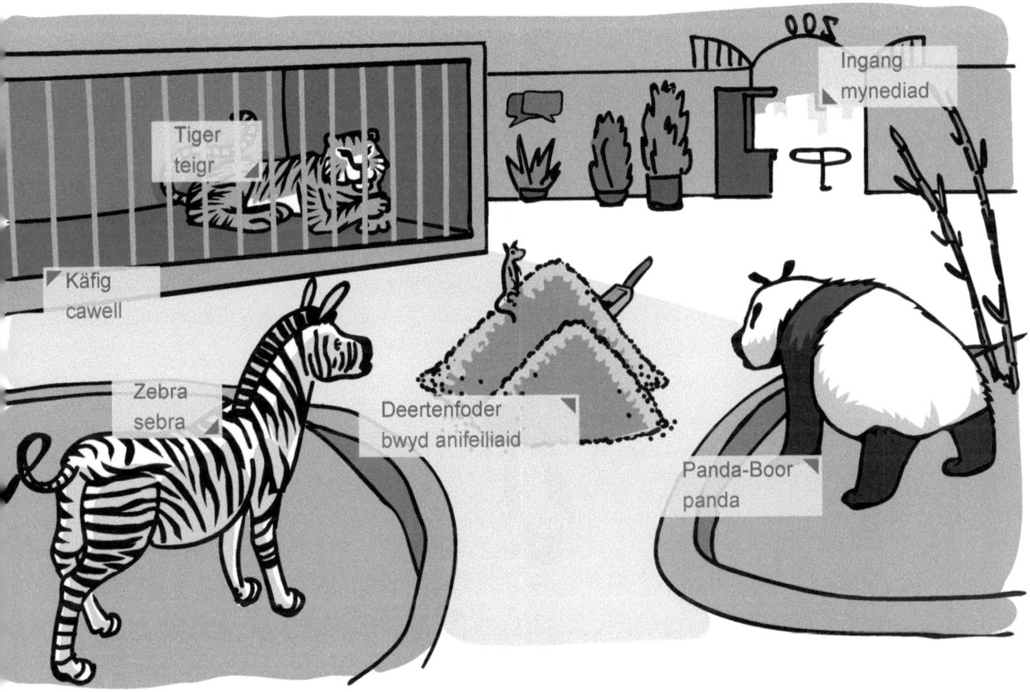
Tiger
teigr
Ingang
mynediad
Käfig
cawell
Zebra
sebra
Deertenfoder
bwyd anifeiliaid
Panda-Boor
panda

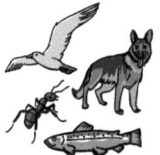

Deerten

anifeiliaid

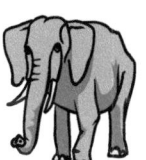

Elefant

eliffant

Känguru

cangarŵ

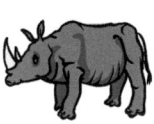

Neeshoorn

rhinoseros

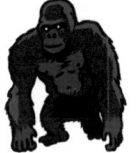

Gorilla

gorila

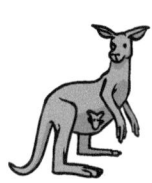

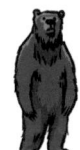

Boor

arth

Kameel

camel

Struuß

estrys

Lööv

llew

Aap

mwnci

Flamingo

fflamingo

Papagoi

parot

Iesboor

arth wen

Pinguin

pengwin

Haifisch

siarc

Pageluun

paun

Slang

neidr

Krokodil

crocodeil

Oppasser in'n Deertenpark

gofalwr sŵ

Saalhund

morlo

Jaguor

jagwar

Pony

merlyn

Leopard

llewpard

Nilpeerd

hipo

Giraff

jiráff

Aadler

eryr

Wildswien

baedd

Fisch

pysgodyn

Schildkrööt

crwban

Walross

walrws

Voss

llwynog

Gazell

gafrewig

Amerikaansch Football
pêl-droed America

Radfohren
beicio

Tennis
tennis

Korfball
pêl-fasged

Swümmen
nofio

Boxen
bocsio

Ieshockey
hoci iâ

Football

pêl-droed

Fedderball

badminton

Leichtathletik

athletau

Handball

pêl-law

Skilopen

sgïo

Polo

polo

Aktivitäten
gweithgareddau

lachen
chwerthin
springen
neidio
ümarmen
cofleidio
gahn
cerdded
singen
canu
drömen
breuddwydio
beden
gweddïo
snuteln
cusanu

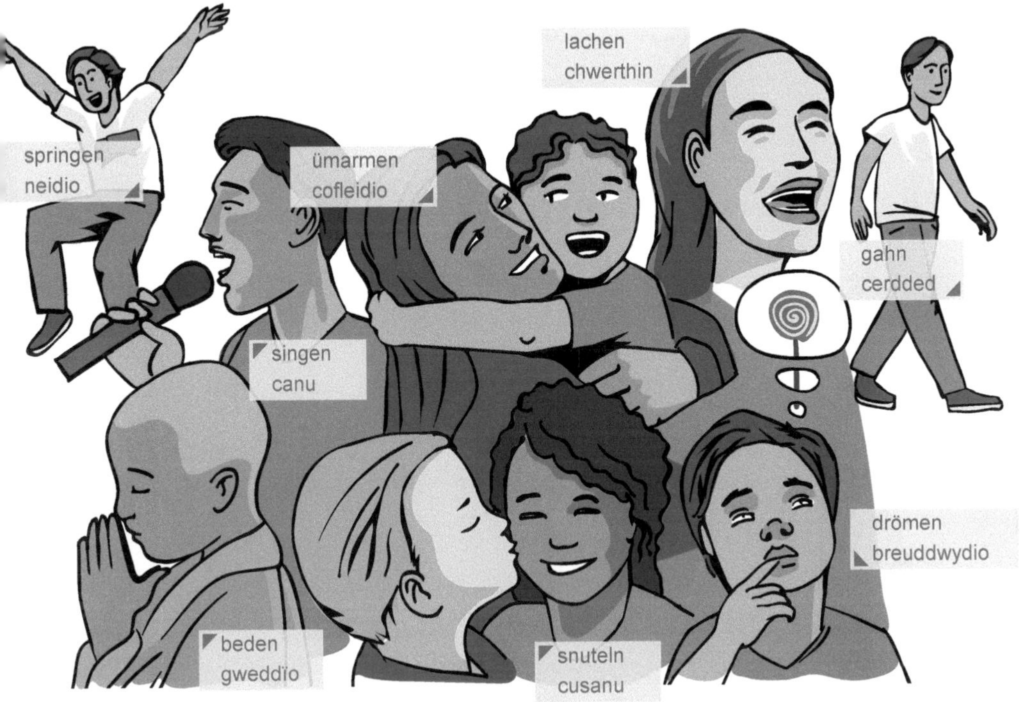

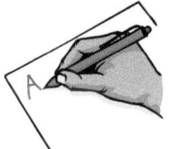

schrieven

ysgrifennu

teken

tynnu

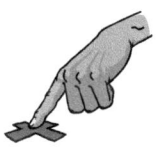

wiesen

dangos

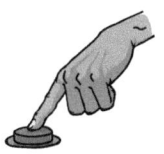

drücken

gwthio

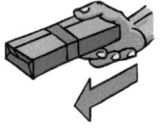

geven

rhoi

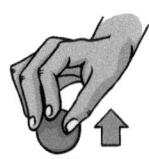

nehmen

cymryd

hebben

bod gan

doon

gwneud

sien

bod

stahn

sefyll

lopen

rhedeg

trecken

tynnu

smieten

taflu

fallen

disgyn

liggen

gorwedd

töven

aros

dregen

cario

sitten

eistedd

antrecken

gwisgo amdanoch

slapen

cysgu

opwaken

deffro

ankieken

edrych ar

wenen

crïo

eien

anwesu

kämmen

cribo

snacken

siarad

verstahn

deall

fragen

gofyn

hören

gwrando

drinken

yfed

eten

bwyta

oprümen

tacluso

leefhebben

caru

kaken

coginio

fohren

gyrru

flegen

hedfan

segeln

hwylio

reken

cyfrifo

lesen

darllen

lehren

dysgu

arbeiden

gweithio

de Plünnen tohoopsmieten

priodi

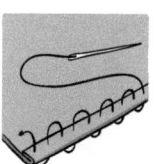

neihen

gwnïo

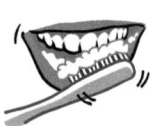

Tähnen putzen

brwsio dannedd

dootmaken

lladd

smöken

ysmygu

schicken

anfon

Familje
teulu

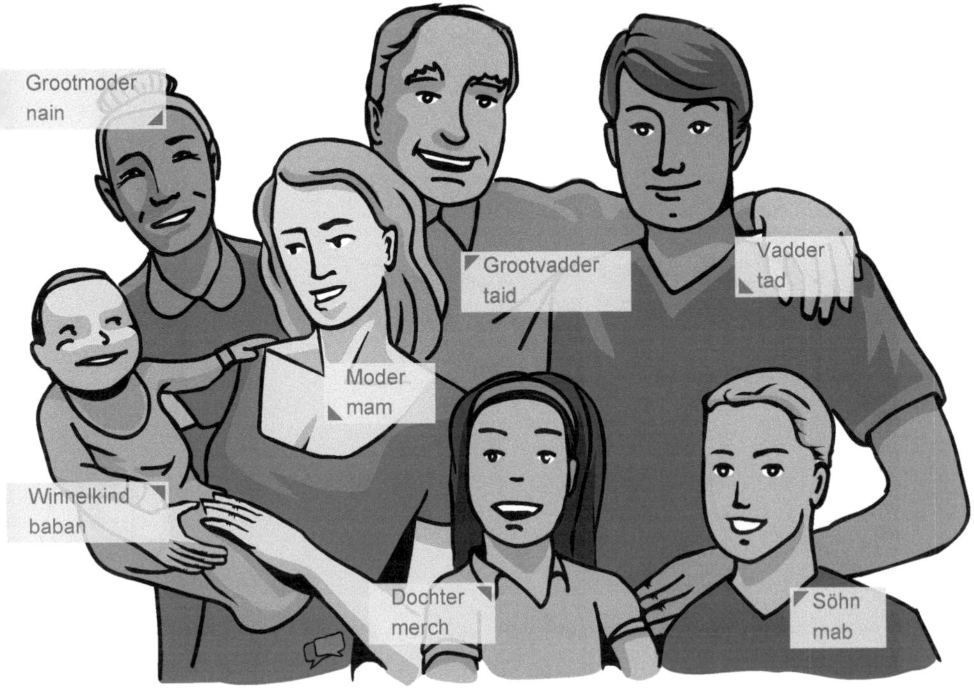
Grootmoder
nain
Grootvadder
taid
Vadder
tad
Moder
mam
Winnelkind
baban
Dochter
merch
Söhn
mab

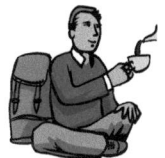

Gast

gwestai

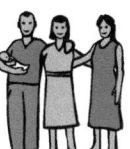

Tant

modryb

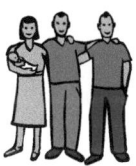

Unkel

ewythr

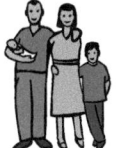

Broder

brawd

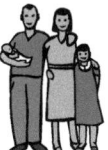

Süster

chwaer

Lief
corff

Vörkopp
talcen
Oog
llygad
Schuller
ysgwydd
Finger
bys
Gesicht
wyneb
Kinn
gên
Hand
llaw
Been
coes
Bost
bron
Arm
braich

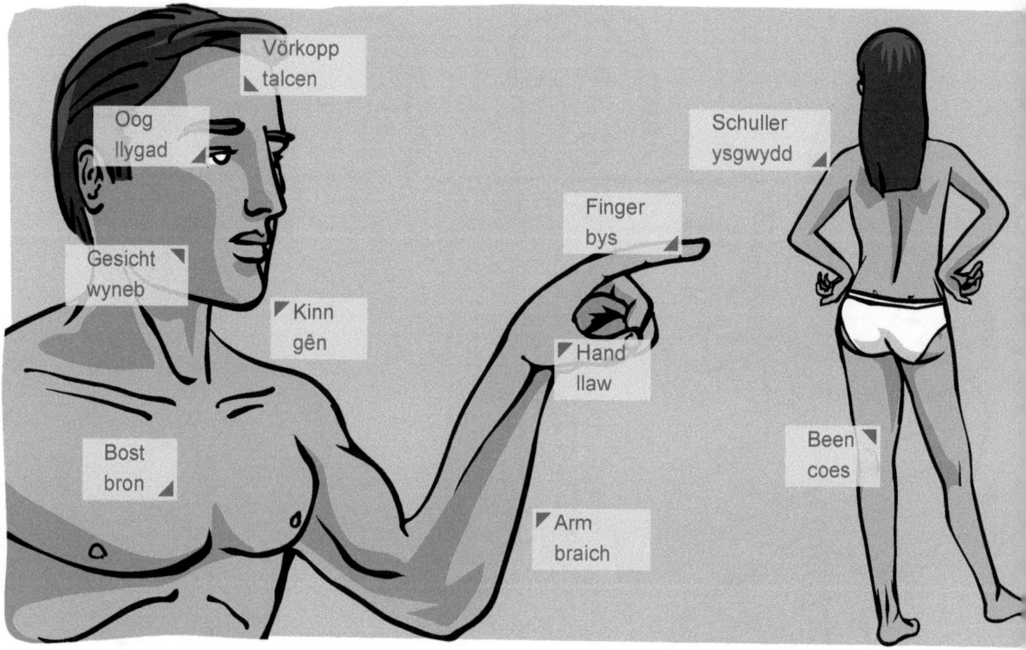

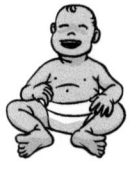

Winnelkind
baban

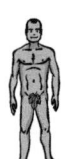

Mann
dyn

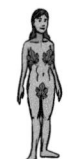

Fro
gwraig

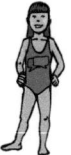

Deern
geneth

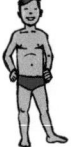

Jung
bachgen

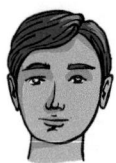

Arm
pen

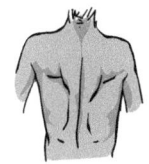

Rüch

cefn

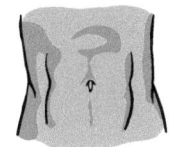

Buuk

bel

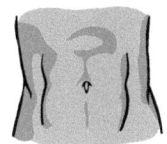

Navel

bogail

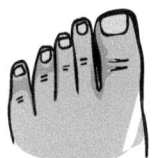

Teh

bys troed

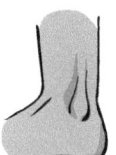

Hack

sawdl

Knaken

asgwrn

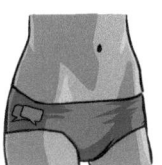

Hüft

clun

Knee

pen-glin

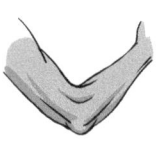

Ellbagen

penelin

Nees

trwyn

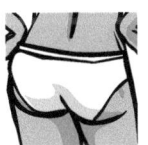

Achtersen

pen ôl

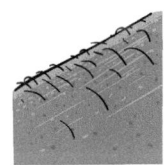

Huut

croen

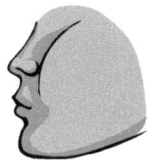

Back

boch

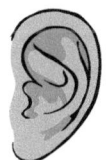

Ohr

clust

Lipp

gwefus

Mund

ceg

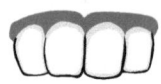

Tähn

dant

Tung

tafod

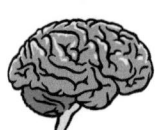

Bregen

ymennydd

Hart

calon

Muskel

cyhyr

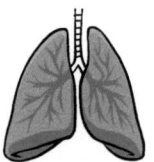

Lung

ysgyfaint

Lever

iau

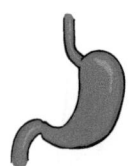

Maag

stumog

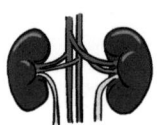

Neren

arennau

Bislaap

rhyw

Kondoom

condom

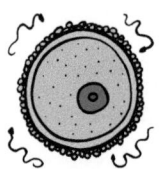

Eizell

ofwm

Sperma

semen

Anner Ümstänn

beichiogrwydd

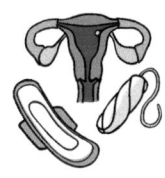	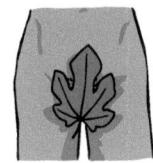	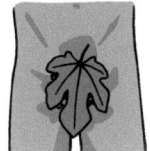
Menstruatschoon	Scheed	Pint
mislif	fagina	pidyn

Ogenbroe	Hoor	Hals
ael	gwallt	gwddf

Krankenhuus
ysbyty

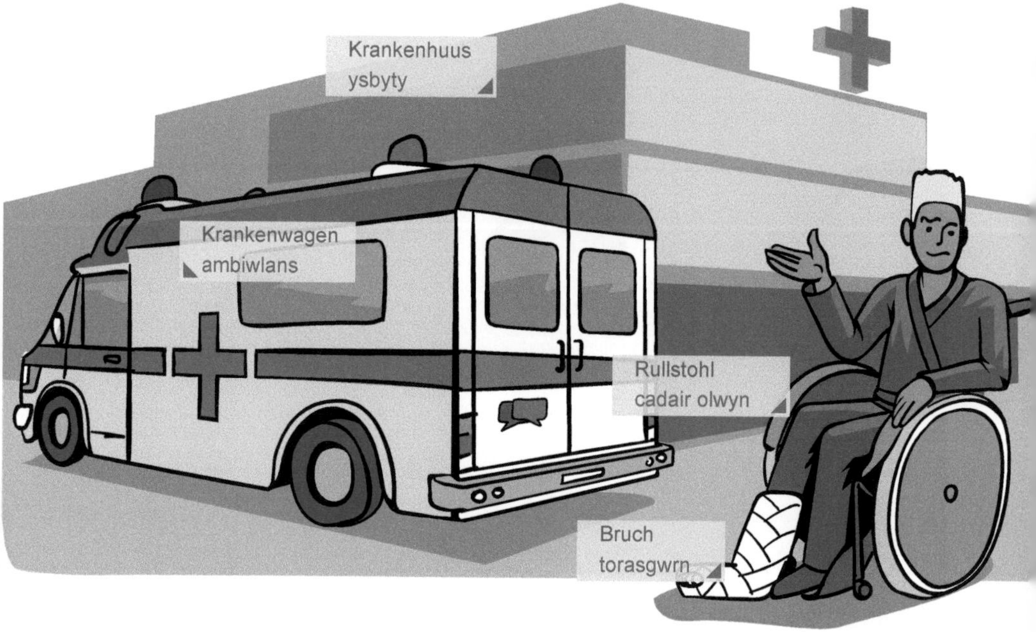

Krankenhuus
ysbyty
Krankenwagen
ambiwlans
Rullstohl
cadair olwyn
Bruch
torasgwrn

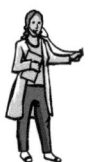

Dokter

meddyg

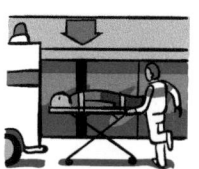

Nootopnahm

ystafell argyfwng

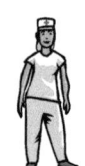

Krankensüster

nyrs

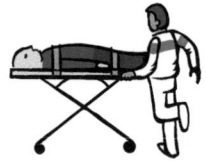

Nootfall

argyfwng

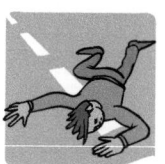

ahnmächtig

anymwybodol

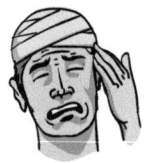

Wehdaag

poen

Verwunnen

anaf

Blöden

gwaedu

Hartinfarkt

trawiad ar y galon

Slaganfall

strôc

Allergie

alergedd

Hoosten

peswch

Fever

twymyn

Gripp

ffliw

Dörchfall

dolur rhydd

Koppwehdaag

cur pen

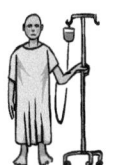

Kreeft

canser

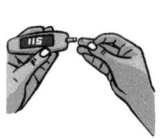

Zuckersüük

diabetes

Chirurg

llawfeddyg

Chirurgsch Mess

fflaim

Operatschoon

gweithrediad

CT

CT

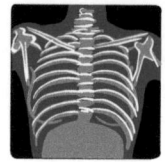

Dörchlüchten

pelydr-x

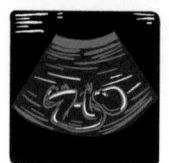

Ultraschall

uwchsain

Mask

mwgwd wyneb

Krankheit

clefyd

Töövruum

ystafell aros

Krück

bagl

Plaaster

plastr

Verband

rhwymyn

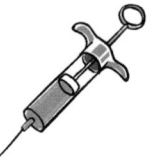

Insprütten

pigiad

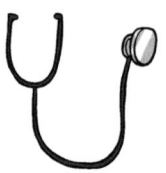

Stethoskop

stethosgop

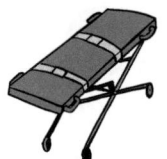

Draag

elorwely

Feverthermometer

thermomedr clinigol

Geboort

genedigaeth

Övergewicht

dros bwysau

Höörapparat

cymorth clyw

Kiemfriemiddel

diheintydd

Ansteken

haint

Virus

firws

HIV / AIDS

HIV / AIDS

Heelmiddel

meddygaeth

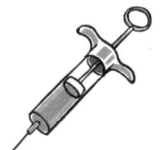

Impen

brechiad

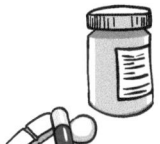

Tabletten

tabledi

Pill

y bilsen

Nootroop

galwad frys

Blootdruck-Meter

monitor pwysau gwaed

krank / gesund

yn sâl / yn iach

Hölp!

Help!

Alarm

larwm

Överfall

ymosodiad

Angreep

ymosodiad

Gefohr

perygl

Nootutgang

allanfa argyfwng

Füer!

Tân!

Füerlöscher

diffoddwr tân

Unfall

damwain

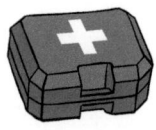

Noothölpkoffer

pecyn cymorth cyntaf

SOS

SOS

Polizei

heddlu

Europa
Ewrop

Noordamerika
Gogledd America

Süüdamerika
De America

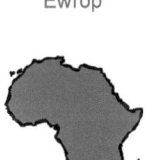

Afrika
Affrica

Asien
Asia

Australien
Awstralia

Atlantik
Iwerydd

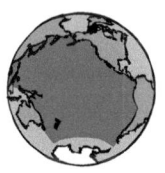

Pazifik
y Môr Tawel

Indisch Weltmeer
Cefnfor yr India

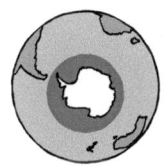

Antarktisch Weltmeer
Cefnfor yr Antarctig

Arktisch Weltmeer
Cefnfor yr Arctig

Noordpol
Pegwn y Gogledd

Süüdpol

Pegwn y De

Antarktis

Antarctica

Eerd

y Ddaear

Land

tir

See

môr

Eiland

ynys

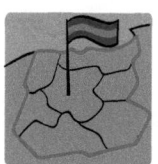

Natschoon

cenedl

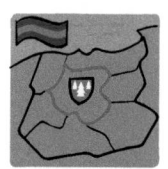

Staat

gwladwriaeth

Tallenblatt

wyneb cloc

Stunnenwieser

bys awr

Minutenwieser

bys munud

Sekunnenwieser

bys eiliad

Wo laat is dat?

Faint o'r gloch yw hi?

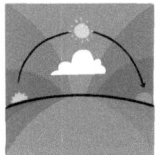

Dag

dydd

Tiet

amser

nu

yn awr

digetaalsch Klock

cloc digidol

Minuut

munud

Stunn

awr

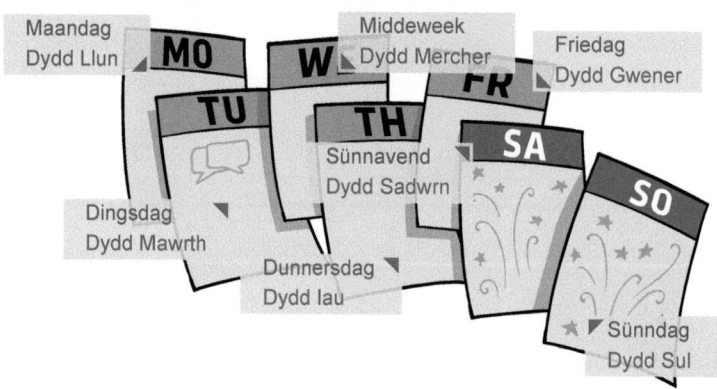

Maandag
Dydd Llun

MO

W

Middeweek
Dydd Mercher

Friedag
Dydd Gwener

TU

TH

SA

FR

Sünnavend
Dydd Sadwrn

SO

Dingsdag
Dydd Mawrth

Dunnersdag
Dydd Iau

Sünndag
Dydd Sul

güstern
·············
ddoe

hüüt
·············
heddiw

morgen
·············
yfory

Morgen
·············
bore

Meddag
·············
canol dydd

Avend
·············
noswaith

Arbeitsdaag
·············
diwrnodiau busnes

Wekenenn
·············
penwythnos

Johr

blwyddyn

Regen
glaw
Regenbagen
enfys
Snee
eira
Wind
gwynt
Fröhjohr
gwanwyn
Harvst
hydref
Sommer
haf
Winter
gaeaf

4.APRIL 11°
5.APRIL 4°
6.APRIL 13°
7.APRIL 8°
8.APRIL 10°

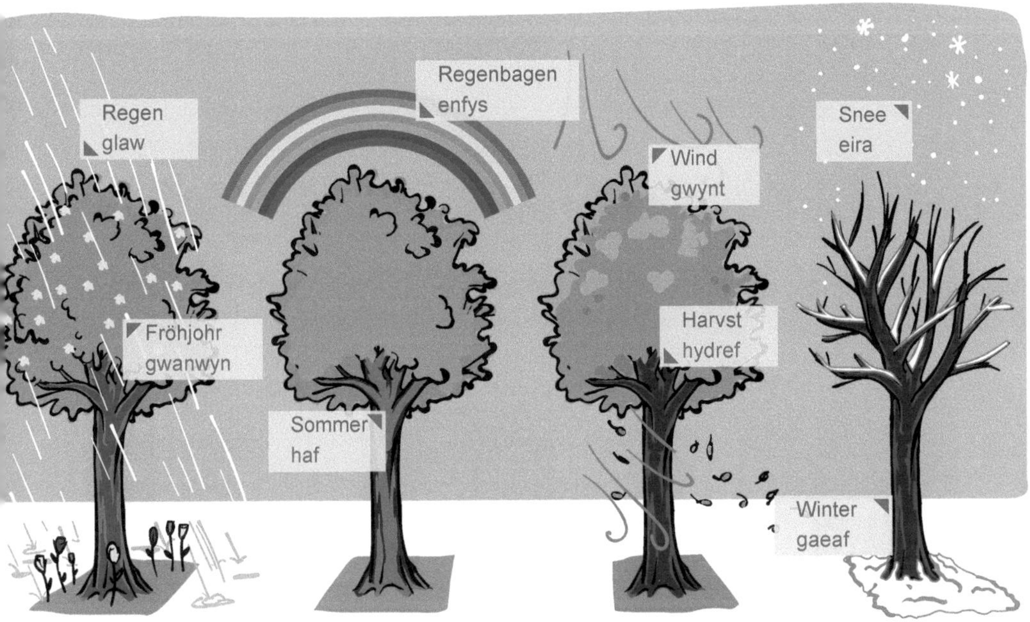

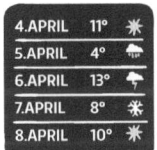

Wedervörhersaag

rhagolygon y tywydd

F C
120 40
90 30
60 20
30 10
0 0
-30 -10
-20

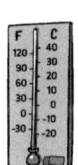

Thermometer

thermomedr

Sünnenschien

heulwen

Wulk

cwmwl

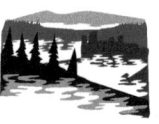

Nevel

niwl tew

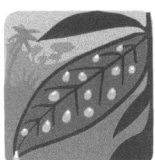

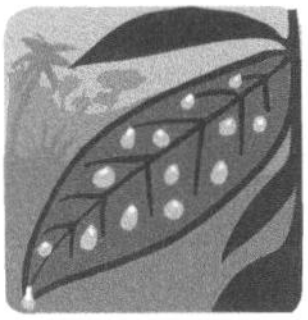

Luftfuchtigkeit

lleithder

Blitz

mellt

Dunner

taranau

Storm

storm

Hagel

cenllysg

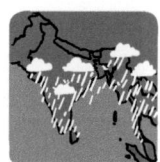

Monsun

monsŵn

Floot

llif

Ies

iâ

Januormaand

Ionawr

Februormaand

Chwefror

Martmaand

Mawrth

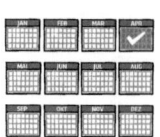

Aprilmaand

Ebrill

Maimaand

Mai

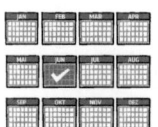

Junimaand

Mehefin

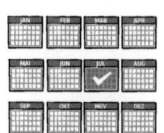

Julimaand

Gorffennaf

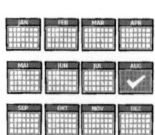

Augustmaand

Awst

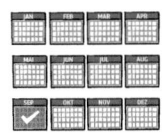

Septembermaand
....
Medi

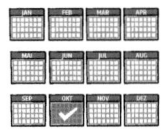

Oktobermaand
....
Hydref

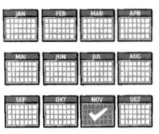

Novembermaand
....
Tachwedd

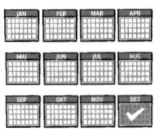

Dezembermaand
....
Rhagfyr

Formen
siapiau

Krink
....
cylch

Quadrat
....
sgwâr

Rechteck
....
petryal

Dreeeck
....
triongl

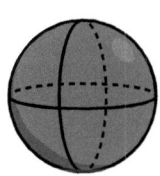

Kugel
....
sffêr

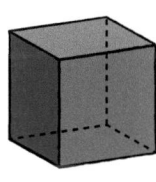

Wörpel
....
ciwb

Farven
Iliwiau

witt
....
gwyn

geel
....
melyn

orangsch
....
oren

pink
....
pinc

root
....
coch

lila
....
porffor

blau
....
glas

gröön
....
gwyrdd

bruun
....
brown

gries
....
llwyd

swart
....
du

veel / wenig

llawer / ychydig

böös / verdreeglich

dig / tawel

smuck / mies

hardd / hyll

Begünn / Enn

dechrau / diwedd

groot / lütt

mawr / bach

hell / düüster

llachar / tywyll

Broder / Süster

brawd / chwaer

schier / schietig

glân / budr

kumpleet / nich kumpleet

gyflawn / anghyflawn

Dag / Nacht

dydd / nos

doot / lebennig

farw / yn fyw

breet / small

eang / cul

geneetbor / nich geneetbor

bwytadwy / anfwytadwy

böös / fründlich

drwg / caredig

fickerig / langwielt

llawn cyffro / diflasu

dick / dünn

tew / tenau

toeerst / toletzt

cyntaf / olaf

Fründ / Fiend

cyfaill / gelyn

vull / leddig

llawn / gwag

hart / week

caled / meddal

swoor / licht

trwm / ysgafn

Smacht / Döst

wedi newynnu / yn sychedig

krank / gesund

yn sâl / yn iach

nich na't Recht / na't Recht

anghyfreithlon / cyfreithiol

klook / dummerhaftig

deallus / twp

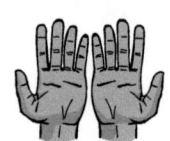

linkerhand / rechterhand

chwith / dde

neeg / feern

agos / pell

nieg / bruukt

hewydd / wedi'i ddefnyddio

nix / wat

dim / rhywbeth

oolt / jung

hen / ifanc

an / ut

ymlaen / i ffwrdd

apen / slaten

ar agor / ar gau

lies / luut

tawel / uchel

riek / arm

cyfoethog / tlawd

richtig / verkehrt

cywir / anghywir

ruug / glatt

garw / llyfn

trurig / glücklich

trist / hapus

kort / lang

byr / hir

suutje / flink

araf / cyflym

natt / dröög

gwlyb / sych

warm / köhl

cynnes / claear

Krieg / Freden

rhyfel / heddwch

0

null
sero

1

een
un

2

twee
dau

3

dree
tri

4

veer
pedwar

5

fief
pump

6

söss
chwech

7

söven
saith

8

acht
wyth

9

negen
naw

10

teihn
deg

11

ölven
un deg un

12

twölf

un deg dau

13

dörteihn

un deg tri

14

veerteihn

un deg pedwar

15

föffteihn

un deg pump

16

sössteihn

un deg chwech

17

söventeihn

un deg saith

18

achtteihn

un deg wyth

19

negenteihn

un deg naw

20

twintig

dau ddeg

100

hunnert

cant

1.000

dusend

mil

1.000.000

million

miliwn

Engelsch

Saesneg

Amerikaansch Engelsch

Saesneg America

Chineesch Mandarin

Tsieinëeg Mandarin

Hindi

Hindi

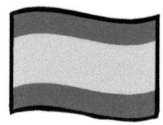

Spaansch

Sbaeneg

Franzöösch

Ffrangeg

Araabsch

Arabeg

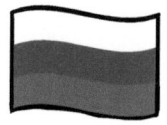

Rusch

Rwseg

Portugiesch

Portiwgaleg

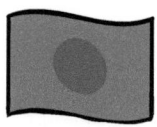

Bengaalsch

Bengali

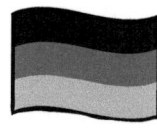

Düütsch

Almaeneg

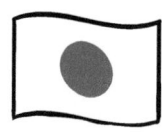

Japaansch

Siapanaeg

ik
....
fi

du
....
ti

he / se / dat
....
ef / hi

wi
....
ni

ji
....
chi

se
....
nhw

keen?
....
pwy?

wat?
....
beth?

woans?
....
sut?

woneem?
....
ble?

wannehr?
....
pryd?

Naam
....
enw

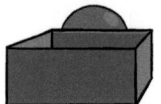

achter

y tu ôl i

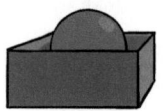

in

yn / yng / ym / mewn

vör

o flaen

över

dros

op

ar

ünner

dan

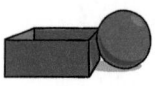

blangen

wrth ochr

twüschen

rhwng

Oort

lle